ARDEN LAS CRISÁLIDAS

José María Pérez Alcoholado

Colección ites

ARDEN LAS CRISÁLIDAS

© José María Pérez Alcoholado
© Prólogo: Carolina Lillo Goffreri
© Ilustración de portada: Marga Villaverde
© de esta edición: Olé Libros, 2024

ISBN: 978-84-10053-45-8
Depósito legal: V-3102-2024
Impreso en España

KALOSINI, S. L.
Grupo editorial olé**libros**
equipo@olelibros.com
www.olelibros.com

A Vanesa,
por todo lo soñado
y lo que nos queda por soñar.

Oh, ayúdame a escribir
el poema más prescindible,
el que no sirva ni para
ser inservible.
Ayúdame a escribir palabras
en esta noche, en este mundo.

ALEJANDRA PIZARNIK

PRÓLOGO

Sentir.
Siente el caracol la calidez del rayo de sol por la mañana.
Sentir.
Siente el pájaro el viento cuando emprende el vuelo.
Sentir.
Siente el árbol el rocío y el alga siente cómo la ola le despeina la cabellera cuando se azota contra la roca.
Sentimos desde que abrimos los ojos, pero también cuando estamos inmersos en un sueño profundo.
Sentimos conscientes o no, pero sentimos.
Estamos vivos.
El poeta es el único capaz de traducir esas sensaciones a palabras y escribir atardeceres que son tan bellos como los que nos regala el sol cada día. Codificar las emociones como si fueran 0 y 1 para que otro, que habita fuera del YO, reconstruya esas pasiones y las viva como propias por medio del lenguaje. Un ejercicio donde el yo se fusiona con el tú: «Doy fe. He dejado de ser yo. / Ahora soy yo y también vos».
En *Arden las crisálidas*, José María Pérez Alcoholado nos permite sentir el amor, el erotismo, la psicodelia de los sueños, el peso de las sentencias, la voz que busca a gritos a otra voz, el silencio, la soledad y la melancolía.
Para realizar este ejercicio de vaciamiento interior en el papel, el poeta se entrega desnudo al lector y se presenta a pecho abierto, como una vitrina expuesta al escrutinio de ojos ajenos. La poesía es sobre todo una entrega: «Lo único que

intuyo / es que nos hace / más vulnerables», dice Pérez Alco-holado sobre el arte en general.

El poeta gaditano hace magia con las palabras, compone música con los versos, las pausas, los vacíos, la cadencia y el ritmo; elementos que en su conjunto dibujan una suerte de danza visual y acústica: «Si la noche calienta la sangre / y mi cabeza es una isla llena de pájaros, / ¿comprendes ahora / que no soy yo / el que está respirando?».

El verbo y el adjetivo no son solo un medio de transporte donde viaja el significado, son también piezas de un juego y Pérez Alcoholado las distribuye como si fueran soldaditos de plomo. Cada una asume una posición estratégica, listas para el ataque; quizá escondidas, tal vez alejadas, deconstruidas, a la deriva en el papel, divididas o aglutinadas; un estilo que se hace evidente en poemas como *«Biri biri polymitas»*, «Neuro-nas espejo» o «Fe ciega». Lo mismo importa lo que nombra que lo que calla, porque el silencio y el espacio vacío están también habitados y no se deben ignorar.

En este trabajo poético se siente y presiente un homenaje velado a la escritora estadounidense Carson McCullers —que también es una de sus musas inspiradoras— y sus personajes del libro *El corazón es un cazador solitario*. Y a la imagen del sordo y el mudo, Pérez Alcoholado agrega la del ciego: «De-jamos atrás la niebla, / en mis ojos queda la noche / como si no hubiera existido esa pausa inquebrantable / de angustia y deseo».

En ese sentido y en palabras del autor, *Arden las crisálidas* constituye la búsqueda del amor, donde el poeta se queda-rá paulatinamente sordo, mudo y ciego. Pero seamos justos, este trabajo también es un canto a la poesía: «¿Y cómo pue-do seguir escribiéndote / gota a gota este poema ¡yo!, / si no hay más que goteras / en el cielo negro de esta noche?»; a la mujer amada (la amante, la madre y la hermana): «Estoy de pie sobre un agujero negro / y desde las sombras / caen los versos uno tras otro, / uno tras otro / como hojarasca. / ¡Basta ya! / ¿Cuánto he de amarte en la gran emboscada final?»; al erotismo: «Te giras como un pájaro extasiado / pronunciando lentamente mi apellido / —el que más te gusta—»; y al amor: «El amor es la muerte / cabalgando hacia el frente / y yo quiero morir en tus brazos».

El poemario de Pérez Alcoholado se presenta como un viaje onírico y seductor que nos hace reír, reflexionar, añorar, recordar, temer y evocar. Un regalo con forma de palabras que nos abre los ojos a un nuevo sentir.

Sentir y habitar el verbo.

Sentir. Siente el poeta como si fuese de una raza distinta, con más órganos sensoriales que el resto de los seres humanos.

Ante todo ni mudo, ni sordo, ni ciego.

«Escribo, por encima de todo, / para recordarte que cambies / la cerradura de la puerta. / Aunque ya no vivo contigo, / sigo teniendo las llaves».

Carolina Lillo Goffreri

QUERIDO SORDO

Callemos,
el sordo escucha.

Anónimo

AUTORRETRACTO

Si no tuviera manos, pintaría con la boca.
Si no tuviera luz, pintaría a oscuras.
Si no tuviera ojos, pintaría a la sombra del llanto.
Si no tuviera Dios, pintaría en la cárcel.
Si no tuviera pistola, pintaría con mi sangre.
Si no tuviera gasolina, eso que me ahorraría.
Si no tuviera hijos, no pintaría nada, no,
y daría por acabado este cuadro.
Pero si no tuviera miedo,
sería terrible.
Mírame.

Sin paracaídas

Jardinero de los sueños revelados,
no busques tan lejos,
el jardín soy.

En un abrir y cerrar de ojos,
la nadadora finlandesa
desaparece de los fiordos sin respuestas.
Al tumbarse en la hierba,
gradualmente se relajan sus facciones.
Sostiene en su mano ultraligera
un sorbete discontinuo,
recortado con singular maestría.

De repente, la silueta del jardinero
surge de una nube violenta.

Y es un huerto la nube
que en tu pujante pecho
siembra aventuras de aviadores
saltando sin paracaídas.
De ahí a la gloria, nada queda.
Solo un jardín de sueños revelados.

DOBLE ARCOÍRIS

Quítate delicadamente tu ropa,
pétalo a pétalo,
sin temor alguno al frío del amor.

PEDRO SALINAS

Al atardecer atravesamos un doble arcoíris
con la mirada en el horizonte perdida.
Perfecto en sus formas,
de punta a punta.
Si la noche calienta la sangre
y mi cabeza es una isla llena de pájaros,
¿comprendes ahora
que no soy yo
el que está respirando?
Por fin dejaste de temer a tu cuerpo.

Historia clínica de Bee tho ven

A Jorge, espero que me oiga.

La música no se oye.
Se siente.

LA SIESTA DEL ABEJARUCO

Hermosura, la siesta.

Léeme despacio, madrastra,
como si yo fuera
en la Tierra el último soldado,
como si vida no hubiera
más allá de los pantanos.

En la penumbra de los ahogados
madrugas siempre,
en continentes a la deriva
desafías al inquisidor.

Sigue así,
insatisfecha omnívora,
clamor de los ciervos,
como aguacero leyendo.
Cuando salgas a la calle,
tráeme un libro
que me llene
los ojos de cañaverales.
Poemas de Keats,
novelas de Dostoyevski,
cuentos de Poe.
Lo que tú leas, bienvenido sea.
Pero, eso sí, declama fuerte y claro,
porque apenas oigo
un hilo de voz en el páramo.

Ceno todos los días
tus palabras invisibles,
relamo cada sílaba,
cada silencio,
el antiespejo.

Yo quería otra vida,
no esta que he despilfarrado
zangoloteando de aquí para allá.
Postrado con un sonotone,
nunca llueve a gusto del lector, madrastra.

El mundo a mi alrededor
es cada vez más silencioso.
Si no me gritas
más fuerte,
vete y no vuelvas.

MEA CULPA

A Pilar Alcoholado,
la última faraona de Bobadilla.

Cuanto más escribo, más culpable.
Cuanto más inocente, más culpable.
Cuanto más sobrio, más culpable.
Cuanto más sordo, ¡más culpable!
Cuanto más viejo, más turbable.

Y mi madre,
un poco cansada ya
de tanta retahíla,
sentencia:
«Hijo, ¡qué vejez más mala te espera!».

No abras la puerta a nadie

*A mi hermana,
cuando de noche
llaman a la puerta.*

Carezco todavía de un verano nómada.
Contrapunteaste mi vida
en una página en blanco.
Deja ya de mentir.
No abras la puerta a nadie.
¡Toc, toc, toc!
Y menos si viene tu padre borracho con ese hombre.
¡Toc, toc, toc!
¡Ni se te ocurra!
¡Toc, toc, toc!
¡Toc, toc, toc!
¡Toc, toc, toc!

ENCAPSULADOS

Parejas indiferentes, castigos voluntarios,
veranos invisibles, música vampírica,
bárbara lealtad, corazonada balística
en los estados de ánimo,
estados de ánimo encapsulados.

Aplausos divergentes, pingüinos incendiarios,
primicia escandalosa, perfil multiforme,
hermanas sexuales, cuchillos largos
en los estados de ánimo,
estados de ánimo encapsulados.

Dominio equidistante, camino fugitivo,
abrazos espaciales, Dios Apalache,
Picasso robado, blanco de impacto
en los estados de ánimo,
estados de ánimo encapsulados.

Sentido figurado, beso desierto,
península histérica, reducción metafórica,
diálogo nulo, gulag arácnido
en los estados de ánimo,
estados de ánimo encapsulados.

Grandes figurantes, ondas submarinas,
libros túneles, doble fantasmagórico,
belleza inerte, almas gemelas
en los estados de ánimo,
estados de ánimo encapsulados.

Y fueron desfilando,
uno a uno,
sin que me vieran,
los falsos testigos
en los estados de ánimo,
estados de ánimo
encapsulados
en
una
larga
noche
de
verano,
leyendo
tus
labios.

LLAVES MAESTRAS

¿Por qué sigo escribiendo si ya he muerto en tus brazos?
Dime, ¿por qué sigo escribiendo con esta mano cercenada?
Parece mentira
que aún no te hayas dado cuenta
de que sigo escribiendo
porque no te han hecho justicia.

El gran error de mi vida fue
no saquear el palacio de la poesía
cuando susurraste:
«Ámame en silencio».

¿Y cómo puedo seguir escribiéndote
gota a gota este poema ¡yo!,
si no hay más que goteras
en el cielo negro de esta noche?

Escribo, por encima de todo,
para recordarte que cambies
la cerradura de la puerta.
Aunque ya no vivo contigo,
sigo teniendo las llaves.

Deconstrucción de un poema rematado por un cerdo

Un poema nunca se acaba
si cada palabra escrita
es cuestionada.

Tras los primeros esbozos
de coordenadas imprecisas,
un verso encadena a otro,
te sorprendes, gratamente,
y te yergues como un potro.

Un poema nunca se acaba del todo.
Y si se acaba —acabado estás—,
te revolcarás en el lodo.

Laberíntica caracola

A la sombra te sientas
de las desnudas rocas,
y en el rincón te ocultas
donde zumba el insecto.

Rosalía de Castro

Y me dieron de comer los cuervos.
No quiero condicionar otra respuesta fallida.

¡Oh, laberíntica caracola!
Éxodos y cautiverios
se reflejan en la ría de Vilanova.
Sigo atrapado en la isla,
complicando el arrebato
y desmejorando lo poco que sé vivir.
Me pondré en cuarentena.
No estoy presentable para nadie.

Bajo el mar anidan telegramas
de un poniente invisible.
Me convocaste y acerqué mi oído a tu caparazón:
el viento es quien sueña
dentro del laberinto.

Estanques olvidados en el tiempo

Un antojo del sur perdido
en la barrera del sonido,
viajando hacia el centro
de una expansión intrusiva
en forma de ola,
sin eco, sin sombra, sin atmósfera.

Lejos de la ciudad,
relucen los estanques como si no existiera
el límite de un trazo inesperado.
No sabes todavía que tienes dunas en los ojos
que se mueven con la brisa del mar.

Y si te sumerges
en el estanque de nuevo,
multiplicarás esa onda
de permanencia indisciplinada,
que acaso orienta
la última tentación del hombre,
su gran encrucijada.
No te detengas nunca
si no hay salida.

LA PREGUNTA QUE NADIE RESPONDE

No hay respuesta que esté a su altura.

Desnudos, sobre una roca,
inventamos los besos de la noche.
Elegí naufragar en tus labios,
marisma secreta de sueños navegables,
porque el mundo se ha quedado sordo
a la luz de esa pregunta
que no acabas de hacerme.
No hay sitio en ella para mí:
   —¿Nadie podrá quererte como yo?
   —Nadie.

COME MI HAI TROVATA

Supererò le correnti gravitazionali,
lo spazio e la luce per non farti invecchiare.
E guarirai da tutte le malattie,
perché sei un essere speciale,
ed io, avrò cura di te.

FRANCO BATTIATO

Serenamente tus manos renacentistas me buscan.
Se deslizan por la portada
de Cigarettes After Sex.
Epifanía tras epifanía
provocas un robado.
Cada día. ¡Sí! Cada día.
Aquí unos pómulos sombreados,
allá una barbilla insumisa.
El pitillo, ¿antes o después de Cristo?
Mujer cordobesa,
me voy a comer los pinceles
en un visto y no visto.

Ya en la noche suena
Generation Sex de Divine Comedy.
Es viernes.
El colegio está a años luz.
Los niños con sus padres,
benditos sean.
Te asomas a la balconeta
y la blusa vuela.
¡Hay tantos párpados atentos!

Ya en la cama,
sientes mis uñas musicales
clavarse en tu espalda pentagrama.
Te giras como un pájaro extasiado
pronunciando lentamente mi apellido
—el que más te gusta—.
La habitación, cómplice en todo,
se repliega
en nuestro abrazo caprichoso, erótico.

No, todavía no.

Silencio.
Hoy cumples treinta y cinco años
y tus ojos negros no podrán ver jamás
la radiante luz omeya que desprenden.
Los míos sí.

TORNASOL

Ya no te oigo.
Mudo de piel.
Ingrávido espejo,
no eres tú quien habla,
es el silencio impenetrable,
fumigando tristeza
allá donde las sonámbulas estrellas
se hacen eco.

QUERIDO MUDO

Querido mudo, buenas tardes.

Muerte es que no nos miren los que amamos,
muerte es quedarse solo, mudo y quieto,
y no poder gritar que sigues vivo.

Gloria Fuertes

Sordomundo

In the town there were two mutes,
and they were always together.

Carson McCullers

El mudo arregla bicicletas.
El mudo no habla.
No dice ni mu,
ni do, ni nada.

Solo muecas espantosas
esbozan su cara apergaminada.
Sonidos fugaces,
parches en las ruedas pinchadas.

Todos los niños lo saben,
¡hay un mundo que calla!
Hablando nadie se entiende,
hablando nadie se aclara.

Con cada pinchazo estornudo
en el frío taller del sordomudo.
¿Será por las manchas de grasa
que impregnan el diálogo de besugos?

El mudo arregla bicicletas.
El mudo no habla.
No dice ni mu.
Te mira sonriendo,
sobran las palabras.

Quien escribe mis palabras

He tejido tu silencio a mi pecho
para amarte sin palabras.

Luis Valle

No sé quién te habla cuando abro la boca.

Escribes.
Se me acelera el pulso.
Leo en oblicuo.
No atino.
Escucho tu voz y me vuelvo invisible.
No logro ver bien lo que escribes.
Tan hipermétropes como cabezudos.
Dibujas la madreselva crujiente.
Desde el principio hicimos clic.
A mi edad.
A estas alturas.
Salto al vacío.

No sé quién te besa cuando abres la boca.

Te vas a curar.
Veo las estrellas derritiéndose en tu piel.
Bifurcaciones microscópicas.
Tu nombre arrastrándome
hacia la otra orilla.
Alas invisibles, tambores de guerra.
Tiempo, Mariana. Dame tiempo.
Canciones a medida
flotando sobre un tantra suicida.

La gabardina deshilachada en el espejo.
Calla y disfruta.
Todo lo que sueño será nuestro.

El viento robó las palabras.
No quiero perderte.
Punto muerto.

Llegó el frío.
Pisadas en la nieve.
He dejado de escribir.

Quien escribió mis palabras eras tú.

RCP

Qué fácil confundir un beso y un coágulo.

VICENTE ALEIXANDRE

¿Respiras?
¿Hablas?
¿Sangras?

Por fin llega la ambulancia.
Respírame,
háblame,
sángrame,
que yo, tan herido yo,
te creeré.

NADIE SOSPECHA

Empezaré por el final.
¿Soy joven todavía?
Estúpida pregunta la mía.

Salto en el tiempo
de longitud e incomprensión extrema,
esperando decir que más allá del mar,
no hay nada más y nada menos
que otra vida anónima.

Amor, puede ser amor, sí,
pero no lo es.
Sin miedo ni esperanza,
el gran depredador sufre,
se hace fuerte
y tiembla.
No me des más excusas,
es ahora o nunca.
Nadie sospecha.

Neuronas espejo

Dicen que no puede hablar,
pero hablará
del acoso y derribo de un mimo.

Dicen que no puede arder,
pero arderá
cada gesto en las neuronas espejo.

Era sombra ligera, alma fugitiva
condicionada por los silencios.
Santo y seña:
la blancura no tiene escapatoria.

Llegó el circo con la lluvia
y las bocas se llenaron de risas mudas.
Corríamos, corríamos sin parar.
En nuestro espejo liberamos endorfinas:
tristes payasos desenfocados,
dedos pintados en volandas,
y a partir de la décima fila,
los ojos desmigados
cual sonámbulos llenapistas.

Al borde del abismo,
los acróbatas de suspiros
caminan en la cuerda floja.
Aún queda por salir el lanzador de cuchillos.
¡Que tiemble la mujer barbuda!

Cuando sube la marea,
tu perfil se hace transparente,
es como un pétalo de mil lunas calientes.
Tienes las cejas pobladas de sueños.
En el primer beso, naufrago,
jugando en la noche,
jugando despacio.

Y fue en el silencio implacable de un mimo,
donde nos reconocimos
entre la multitud,
descubriendo,
medio siglo después,
a esos niños
que se perdieron en el camino
de vuelta a casa,
con sus paraguas abiertos,
con sus alas abiertas
y los besos saltimbanquis
arremolinados sobre los charcos.

> ¡Oh, amantes petrificados!
> El elefante blanco resiste.
> Nunca va a dejarnos.

BIRI BIRI POLYMITAS

A mi hermanastro

No dibujo palabras de pájaro disecado por gusto.
Dudas del viento y de la conciencia
de estas letras r u m i a n t e s.
Entrelosdos no hay distancias ya.
Por eso la sangre de la tierra, tan tuya como mía,
atraviesa el espejo
buscando lunas rosas
dentro del laberinto de arena.
Ya es invierno en San Agustín.
Naciste embarrado con la tormenta.
Cae la primera gota de sangre en el cuadro
y tengo la boca seca.

Solo queda tu firma.

MUSICAL MUDO

> *Silence is of the gods;*
> *only monkeys chatter.*
>
> BUSTER KEATON

El músico calla.

Las señoritas de Segismundo Moret

A los vitellonis

Hay una calle soñolienta
donde andan revueltas
las señoritas más refinadas.
En la charca del deseo
se refleja el humo de los besos.
Abandonados coches,
gratuito apareamiento,
corregidme si me equivoco:
las putas están en el centro.
La gasolina, baratísima.
Fela Kuti y Tom Waits
muerden el polvo en mi nuca.
Toque de queda, pelea de gallos.
Lamento tanto no haber apostado por ti,
Ronaldo.

¡Cuánto las echo de menos!
Sobre todo a Adela, Adelaida y Adelines,
las primeras de mi agenda,
las más fieles a esta luz azul
que derrama y devora la sonrisa loca de Segismundo.
Y el cielo negro, más negro si cabe,
desde el día en que me reconocí
corriendo con una pistola en la mano
y mi cabeza ensangrentada.
Me pondré una mascarilla
para no escupirte.
Petri somos todos.
Y el cielo negro, más negro si cabe.

Miércoles de ceniza.
Cae el telón y no hay aplausos.
La calle se desvanece
sobre una escalera de caracol.
Muere la noche.
En el carruaje de la libido
lobos son los pechos,
la uña es un modelo de sangre,
el engendro se ha marchado sin pagar,
la *madame* no tiene dientes
y el mar no huele a mar.

EL ANTIARTISTA

Al fotógrafo del pánico

Y tú, artista. ¿Sientes lo que escribes?

Nunca sabremos si el arte
nos hace mejores o peores personas.
Lo único que intuyo
es que nos hace
más vulnerables.

Mi agente secreto londinense

A lady Churchill

Solo el que sueña con clavículas
sabe cómo descarrilar los trenes en la noche.

De madrugada,
mi agente secreto toma nota,
semidesnuda en el diván,
con el corazón ebrio de manzanas.
Su caligrafía me pulveriza.
Arrojo mi vida a la papelera una y otra vez.
Nada importa ya,
nada será como antes.

No me resisto a veranear en tus ojos musicales.

Cuando ardan todas las palabras,
no temas,
inventaré con las cenizas otras más apropiadas
que te harán despertar en la pasión
de esta sombra premonitoria:
«Nunca estaré tan lejos de mí
ni tan cerca de ti».
El asesino regresará a la escena del crimen
devorando otro siglo,
otros cuerpos,
mi infiel reflejo.

Es nuestro secreto,
agente londinense.
Quémelo.

EMBOSCADA FINAL

A sangre fría, como siempre.

El sol ha dejado de latir.
Respiran las palabras
cuando anochece
y el mar esconde tus sonrisas.
Me despierto en un sueño.
El sueño   inalcanzable
eres tú.
Con mis dedos invisibles abro los ojos a la noche.
Estoy de pie sobre un agujero negro
y desde las sombras
caen los versos uno tras otro,
uno tras otro
como hojarasca.
¡Basta ya!
¿Cuánto he de amarte en la gran emboscada final?

Renacer

Y a través de un leve parpadeo,
renacer en las quimeras imposibles
como si fuera una crisálida.
Renacer en un lago sin fondo,
y allí estabas, palpitante,
allí estabas.
Renacer sin preguntas ni respuestas,
renacer como una estrella incandescente
a dos mil millones de años luz de la Tierra,
quemando naves,
pero siempre a tu vera.

Solo estrellas en tu cuerpo

Cuando dos personas se aman,
no aman de la misma manera.
Siempre hay uno que es más fuerte,
y otro que es más débil.
Y el más débil es siempre
el que ama sin medida,
sin reservas.

Andréi Tarkovski

Te he esperado toda la vida
y tú no puedes esperar ni un segundo.
Me haces cosquillas por todas partes.
¿Por qué leernos y escucharnos es un milagro?

Solo estrellas, nada malo.
Solo estrellas en tu cuerpo.

Esta noche puede ser la última
y no la puedes estirar hasta el fin del mundo.
Me despiertas por las mañanas
como si tuviera otra vez quince años.

Solo estrellas, nada malo.
Tan solo estrellas en tu cuerpo.

Aquí y ahora, logras ver
la policía secreta de tus sueños.
Nos salimos de la carretera
con canciones tatuadas a sangre y fuego.

Solo estrellas, nada malo.
Veo solo estrellas,
solo estrellas en tu cuerpo.

LA VICTORIA DE SAMOTRACIA

Libertad no conozco sino la libertad
de estar preso en alguien
cuyo nombre no puedo oír
sin escalofrío.

LUIS CERNUDA

De un naufragio de espejos
salió la Victoria alada.

Pocas como tú pueden destruir
la Belleza de este mundo,
contemplando extasiada
una fría estatua de mármol
que, aun sin brazos,
siente un ligero cosquilleo
en sus manos.

IMPOSIBLE AMAR A UN FANTASMA

Je fais souvent ce rêve étrange et pénétrant
d'une femme inconnue,
et que j'aime, et que m'aime,
Et qui n'est, chaque fois, ni tout á fait la même
ni tout á fait une autre,
et m'aime et me comprend.

PAUL VERLAINE

Somos nosotros, el tiempo.
Segundos después, la noche.
Sueño profundo, el mar.

¿Eras tú la victoria,
eres tú el santuario
y serás tú mi sombra?

Desde que te fuiste, yo
no he vuelto a ser yo.
¿Es imposible amar a un fantasma?

Somos nosotros, a tiempo.
Segundos después, errantes.
Sueño oscuro, amar.

Fandango ardiente

Al brigadista gitano,
Francisco Quirós.

Me arrancaste el corazón
y ya no siento nada.
Me arrancaste el corazón
cuando te miraba,
ardieron mis ojos,
hechicera gitana.

QUERIDO CIEGO

Querido ciego, buenas noches.

Cuando vea los ojos
que tengo en los míos tatuados.

ALEJANDRA PIZARNIK

CÓCTEL GENÉTICO

Tras Marianela

Sales de una esfera
y entras en otra esfera
dando vueltas sin parar
dentro de este campo magnético.

El fantasma sigue aquí,
adentrándose suavemente
en la pupila de un basilisco sin memoria.
El fantasma sigue aquí,
esperándome,
noche tras noche,
como si fuera la última luciérnaga
sobre la faz de la Tierra.

TRAMPANTOJOS

Ojos cayendo en la trampa mortal de este poema ciego.
No es justo lo que tú creías.
Viste algo.
Me dejo ver.
Pero ya nada queda,
ni dentro
ni fuera.

En tus manos tienes todo el poder

Nunca me dieron la palabra.
Tengo frío desde hace mil años
y no encuentro una ofrenda fresca
en tu mirar de pez sonámbulo.

Estoy reconstruyendo
una basílica en tu nombre
para que disfrutes cada hallazgo
como si fuera el primero.

Y en tus manos tienes el poder,
en tus manos tienes
todo el poder del silencio
que agiganta la palabra exacta.
Me abro paso.
Por fin tomo la palabra.
Oremos.

La cúpula se hizo luz,
y tu luz,
viento, entraña y llanto.

Testículo ocular

Bienaventurados los que no vieron,

y creyeron.

JUAN, 20:29-31

Sombras chinescas proyectadas
sobre la víctima y el verdugo,
y a ciegas,
mi perro guía
olisqueando el miedo
de los vivos y de los muertos.

Sala de lectura para ciegos

Rinocerontes en la niebla

Un rinoceronte de Cabárceno
escapó una gélida mañana.

En la hora de los cobardes,
uno va huyendo de ese rinoceronte
que no oculta su verdad a nadie,
sabe que lo están mirando
desde todos los ángulos,
intuyendo que lo derribarán
de un momento a otro.

Dejamos atrás la niebla,
en mis ojos queda la noche
como si no hubiera existido
esa pausa inquebrantable
de angustia y deseo.

Hacia el Triángulo de las Bermudas

Mi sombra es una enredadera epistolar
que no favorece a nadie,
yugo permeable a encrucijadas suicidas.

Y envuelta en sombras
te deslizabas por la cubierta,
tan triste y pura.
Si salgo de este camarote,
no habrá más tentaciones
entre los inquietos parroquianos.
Te lo aseguro.

Colérica y jaspeante memoria paisajística,
tienes miedo a curarte,
a no seguir siendo sombra cosida a mano
dentro de un espejo inundado de pájaros muertos.

Consigues librarte del triángulo tan solo un instante.
Solo el futuro aventaja y restituye
el pasado, que viene a mí, sin herencia alguna,
por la senda estéril del presente oxidado.
Miráis el tiempo sin dejar ni rastro.

⠒ ⠂ . CIEGA

Doy fe. He dejado de ser yo.
Ahora soy yo y también vos,
arrastrando fuera de mí
una fe ciega, tan fuera de órbita.

Las palabras fluyen en la yema de mis dedos,
con ellas siempre te defiendo.
Haces juegos malabares en la oscuridad
y he dejado de ser yo,
escanciando
        palabras
            en
               tu
                  cuerpo
                     de
                        noche,
                           perdí
                             la
                               fe,
                                 gané
                                   más
                                     tiempo.

En la ciudadela de mis ojos
no hay rehenes, no hay rescate.
Somos nómadas.

SAVONAROLA Y EL TEMPLO DE LOS MALDITOS

*A Tommaso, il mio amico
fuori e dentro il tempio.*

No necesito nada más
que un poquito de paja
para descansar.

El mundo empieza y acaba
en la *Piazza della Signoria,*
donde lo divino
vulnera las caricias.

Sandro es mi amigo,
juntos pintamos
con las manos muy rojas
nuestra temperatura ideal.

Girolamo Savonarola enciende mi antorcha.
Girolamo Savonarola, penitencia a todas horas.

Tengo un manuscrito nuevo
que leeré en mis noches frugales.
El arte no es otra cosa que un parche
en el ojo de un arce
fruto de una gran monstruosidad.

Como todo aquello que os sobra.
Hoy me limito a predicar
bajo el fondo de un *Dio* sin fortuna.

Girolamo Savonarola enciende mi antorcha.
Girolamo Savonarola, penitencia a todas horas.

Voy hacia el norte en un carro de heno.
Vientos de reforma traigo
para un nuevo mundo,
porque no necesito nada más
que un poquito de paja,
un poquito de paja
para poderte quemar.

Sauna sueca

No sé cómo,
pero he llegado a este país de niebla,
en el que nunca se hace de noche
porque la noche amanece
y siembra una luz perpetua.

¡Vamos a nadar! El frío nos da igual.
Qué bien se come, qué bien te sienta.
Qué bien se vive en Suecia,
tan lejos de las hienas.

Nos acariciamos extasiados
dentro de la sauna sueca.
Y de repente se irguió
sobre tus dedos el salmón
que veremos en *travelling* toda la vida,
toda la vida mientras viva.

¡Vamos a bailar! El sexo nos da igual.
Qué bien se come, qué bien te sienta.
Qué bien se vive en Suecia,
tan cerca de Ingmar Bergman.

Espejismos

I 'll be your mirror,
reflect what you are.

The Velvet Underground & Nico

Todos los espejos mienten.

Todos los espejos mienten
a la humanidad.

Todos los espejos mienten,
pues todos los espejos sienten
que solo sois reflejos.

El charrán ártico

Vuela, fantasma, vuela
y tráeme en tu pico
esos peces soñolientos.
En tu vida podrías llegar
cuatro veces a la luna
sin dormir siquiera.
Y en la colonia seremos
una especie invisible
con las alas extendidas
hacia un mar,
un mar tan fugaz
que nos llevará de nuevo
con los vientos
a la Antártida.

Amor interglacial

Amantes fugaces a la luz de la luna,
nunca moriréis de frío.

Velintonia arrebatada

*A la casa de Vicente Aleixandre,
donde aún respiran los poemas.*

El amor es la muerte
cabalgando hacia el frente
y yo quiero morir en tus brazos.

El amor es la muerte.
Nuestro amor ¡es la muerte!
y puede arrasarlo todo.

El amor es la muerte.
Tan voraz no me sueñes
un temblor arrebatado.

Amor mío, es la muerte
olvidar lentamente
una casa abandonada
donde tiemblan los versos
junto al cedro mágico
y los poetas abren la tierra
gritando a los cuatro vientos:
¡Velintonia, Velintonia!
¡Salvad Velintonia!

El amor es la muerte.
Ay, amor, ¡es la muerte!
Y quiero morir en tus labios.

Jardín flotante

Barón, destruye lo que amas.
Juntos creamos a un monstruo
y ahora es justo matarlo,
soltar lastre, échame un cable.

Mi voz tiembla en surcos, jardín flotante.
No eres más sabio dentro del sueño.

Igor dice que no ha muerto:
«Es imposible que eso acabe».
Barón, tienes que hacerlo.
¡Tú lo creaste! Nació tarde.

Recibió un fuerte golpe al despertarse,
ni siquiera la muerte podrá salvarle.

La vida no es más que un sueño,
no es más que un sueño.
La vida no es más que un sueño,
no es más... que tu sueño.

Más que cuerpos, somos fantasmas

Somos dos fantasmas que se buscan
y se encuentran lejanos.

Miguel Hernández

Más que cuerpos,
somos fantasmas
enredados en el espejo de la noche.
Más que espejos,
somos fantasmas,
más que noche.

LAS ÚLTIMAS CRISÁLIDAS

A mi extático parnaso

Cuánto tiempo llevamos
en el desierto.
Cuánto callamos
y cuánto murmuramos.
El sol latiendo
preso al trasluz de tu pelo.
Mi alegre niña,
lonja de estrellas en ruinas,
desnuda vienes
rompiendo las olas a oscuras.
¡Y crece, crece, crece,
invisible lujuria
donde arden las crisálidas!
Locos, locos,
lobos, lobos amantes.

Érase una vez la herida.

OFRENDA A CALÍOPE

Más allá de la muerte,
más allá del amor,
desnudé mi alma,
y ciego me quedé
de tanto soñar contigo
a destiempo.
En el sueño,
Calíope, tiemblas.
¡Oh, musa inspiradora!
Y te alejas.

Buenos días.
Perdón,
buenas tardes.
Perdón,
buenas noches.

ÍNDICE